DISCOURS

PRONONCÉ

PAR

M. ÉMILE BEAUCANTIN, O.

Professeur de Culture

A l'École départementale d'Agriculture de la Seine-Inférieure
Et à l'Ecole municipale de Rouen,

Directeur des Plantations-Promenades et des Jardins publics de la ville,

Elève de l'ancien Institut agronomique de Grignon,

Ancien professeur directeur
du Jardin-des-Plantes de la ville d'Evreux,

**A l'occasion de la Distribution des Prix des Ecoles
Municipales supérieures de Rouen, le 4 Août 1870.**

Messieurs,

Tous ceux qui s'intéressent au travail intelligent, mettent chaque année un empressement bienveillant à venir, dans cette enceinte, applaudir aux distinctions qu'une administration éclairée distribue comme un encouragement et une récompense.

Tour à tour, un des professeurs de l'école municipale, est appelé à l'honneur de porter la parole dans cette séance solennelle, et chacun y apporte naturellement un reflet de ses études spéciales, de ses préférences et de son goût.

Les années précédentes, M. Morin, directeur de l'Académie de dessin et de peinture, nous a parlé d'art, avec l'autorité de son talent et de son expérience ; M. Gully, nous a familiarisés avec les applications si utiles des sciences mathématiques.

ll me resterait donc à moi-même, de vous développer quelques-uns des phénomènes de la culture.

Mais si les beaux-arts, qui sont liés directement à l'histoire des peuples, offrent une mine inépuisable dans les observations intéressantes que leur étude entraîne, il n'en saurait être de même des autres branches, si utiles d'ailleurs, qui complètent les cours des écoles municipales.

Et pour étendre le cercle de mes investigations, puisque des dessins de machines sont offerts à nos regards, qu'il me soit permis de faire une excursion sur le terrain de l'industrie fécondée par les machines.

Les questions d'industrie et de commerce, pourraient-elles ne pas intéresser, quand on sait que le commerce et l'industrie, concourent avec l'agriculture dont ils dépendent, au développement de la richesse matérielle et morale des nations.

Mais, je le dis bien vite, il s'agit moins ici d'entrer dans l'examen appronfondi de ces questions spéciales, que de rechercher quels sont les hommes qui, par leur science et leur zèle pour le bien public, ont fait progresser l'industrie, notamment dans notre belle et plantureuse province de Normandie.

Si le loisir m'en était donné, je voudrais faire passer sous les yeux de messieurs les élèves des écoles municipales, comme un stimulant à leurs efforts et à leurs progrès, la vie, les travaux et les écrits de quelques-uns des hommes modestes et désintéressés, qui, dominés par la seule passion d'être utiles à leurs semblables, travaillaient autrefois dans l'endroit même où nous sommes, préférant au bruit et à l'intrigue le silence et le recueillement du cloître.

L'origine de cet édifice, où siége aujourd'hui la paternelle administration, qui vous convie, messieurs, aux bienfaits de l'étude, est de la plus haute antiquité; quel-

ues historiens font remonter la fondation du monastère
e Saint-Ouen à la fin du IVᵉ siècle.

Sainte Clotilde et son fils Clotaire y firent ajouter des
nnexes en 535.

Mais ce fut en 1040, sous le roi Henri Iᵉʳ, que l'abbaye
e Saint-Ouen fut rebâtie dans de plus vastes proportions,
our réparer les désastres de l'invasion des Normands.

Depuis le XIVᵉ siècle, que le monastère de Saint-Ouen
ut complètement réédifié, par un de ses abbés dom Rous-
el Marc-d'Argent, le nombre des religieux Bénédictins
ui se sont fait remarquer par leurs travaux, est considé-
able.

Aucun genre d'illustration ne leur demeura étranger :
istoire religieuse et politique, économie sociale, biblio-
raphie, beaux-arts.

Tous les sujets furent du domaine des savants Bénédic-
ns de Saint-Ouen, qui préludaient ainsi au rang de la
rovince de Normandie, et principalement la ville de
Rouen, devaient occuper un jour dans l'industrie les
ciences, les belles-lettres et les arts ;

Si quelques noms sont arrivés jusqu'à nous, par l'éclat
es travaux de leurs auteurs, d'autres sont restés, sinon
ans un complet oubli, du moins faut-il rechercher dans
es recueils et les biographes, les traces des services qu'ils
nt rendus, par leurs ingénieuses découvertes.

S'il n'est pas possible de s'étendre sur les travaux de
es hommes utiles, oubliés aujourd'hui, moins non mé-
onnus de leurs contemporains, je dirai cependant quel-
ues mots d'un savant de la fin du XVIIIᵉ siècle, que
'abbaye de Saint-Ouen a possédé dans ses murs.

Ce savant était un bénédictin, Jacques-Antoine de
Maurey (1), que ses connaissances variées avaient mis en

(1) Issu d'une des plus anciennes familles nobles du département de
Orne.

relation avec plusieurs hommes éminents de son ordre, et avec lesquels il entretenait une correspondance suivie : tels que dom Bédos, auteur d'un remarquable ouvrage sur les mécanismes des orgues, et dom Brial, ardent investigateur des matériaux historiques.

On comprend que, dans le milieu où se trouvait le bénédictin dom de Maurey, il y avait toute facilité pour lui de méditer et d'écrire sur des questions de sciences et d'arts mécaniques, ses études favorites.

Reçu dans l'Académie des Sciences, Belles-Lettres et Arts de Rouen, en 1786, il en fut un des membres les plus actifs et les plus distingués. Il adressa à cette compagnie, ainsi qu'à la Société d'Emulation de la même ville, de nombreux mémoires sur les sujets de ses études.

Les travaux de dom de Maurey fixaient l'attention des industriels et des économistes ; et pouvait-il en être autrement, puisque de toutes parts, à l'étranger même, on se livrait à la recherche et à l'invention de machines propres à l'industrie cotonnière.

De 1785 à 1789, les Recueils de l'Académie de Rouen contiennent de remarquables mémoires de dom de Maurey. Les religieux de Saint-Ouen mirent à l'œuvre ses connaissances en mécanique, en le chargeant de la réparation de leur horloge ; il en changea le mécanisme vicieux, à la grande satisfaction des moines, et dès lors, la régularité et la précision purent descendre, avec l'heure, dans les actes de la vie claustrale.

Mais l'heure de la grande réforme sociale vint à sonner aussi, et les religieux et tous les ordres furent contraints d'abandonner leurs monastères pour rentrer dans la vie civile.

Dom de Maurey, pour sa part, accepta, en homme sage, cet ordre de la Nation. Il voulut donner loyalement à la patrie le concours qu'elle réclamait de chacun de ses enfants ; il lui offrit de grand cœur son savoir, au profit de la classe ouvrière et industrielle.

Dans cette nouvelle phase de sa vie, Jacques de Maurey, devenu citoyen, put mettre à exécution les projets de mécaniques qu'il avait conçus dans le silence du cloître.

Pour être mieux à même d'appliquer ses principes et ses connaissances au profit des filatures; il vint se fixer dans la petite commune d'Incarville, auprès de la ville industrielle et manufacturière de Louviers.

Ce fut là, qu'associé avec son frère, il fonda un établissement pour la construction des machines, et y annexa une filature de coton.

Dès lors, l'ex-bénédictin tint le compas d'une main et la plume de l'autre.

Il résulte de documents historiques qu'il eut une grande influence sur les machines de Louviers; il était le seul mécanicien capable de la contrée; ses hautes connaissances dans les sciences exactes et les arts mécaniques lui permirent d'apporter des perfectionnements dans la première filature de coton établie en France, à Louviers, le 25 février 1785, sous la raison : *Veuve de Fontenay et fils*.

Ce qui atteste d'une manière irrécusable que les métiers de l'ex-bénédictin fonctionnaient simultanément en 1790 et 1791 avec les métiers anglais, c'est qu'il existait dans l'établissement de la maison de Fontenay et fils une chambrée spéciale qui portait le nom de Chambrée des Métiers à filer de Maurey.

En 1791, Jacques de Maurey communiqua à l'Académie de Rouen un intéressant *Mémoire sur la nécessité d'établir en France des machines expéditives pour la filature.*

Dans cet écrit, l'auteur combattait victorieusement la grande objection que faisaient alors les personnes opposées à l'introduction des machines dans l'industrie, qui laisseraient, disaient-elles, bien des bras sans travail.

« Si les machines expéditives, disait Jacques de Mau-

« rey, n'étaient encore employées nulle part, peut-être
« y aurait-il moins de hâte à les adopter ; mais si déjà
« plusieurs peuples voisins les ont adoptées ; si les mar-
« chandises qu'ils ont fabriqués par ce moyen surpassent
« les nôtres par leur qualité et leur bas prix, nous devons
« nous hâter d'adopter les machines qui donnent à leurs
« fabriques un avantage décisif sur les nôtres. »

C'est en cette même année 1791 que Jacques de Maurey
fit paraître une brochure de 13 pages d'impression, ayant
pour titre :

*Les Mécaniques à filer sont-elles utiles ou nui-
sibles au peuple et principalement à celui de Normandie.*

Dans cet écrit, l'auteur se préoccupant des intérêts de
la classe ouvrière, démontre que la célérité économique
des opérations, l'introduction d'un nouveau genre d'industrie et son extension étaient le plus sûr moyen de mul-
tiplier le travail.

C'est encore en 1791 que l'Académie des Sciences de
Rouen reçut un Mémoire ayant pour objet : *Des Avantages des Mécaniques qui économisent le temps en
multipliant les produits du travail*, et dans lequel
l'auteur s'attachait à prouver que c'était une erreur de la
part des ennemis du système des mécaniques, de croire
qu'elles conduisent à l'appauvrissement d'un pays, et que,
quand les arts tendent vers le perfectionnement de tous
côtés, il faut bien suivre l'impulsion générale. Il était d'avis
qu'il fallait éclairer le peuple sur ses véritables intérêts, en
lui prouvant jusqu'à l'évidence que ces mécaniques dont il
redoutait la concurrence deviendraient pour lui une
source de prospérité et de bien-être.

Aujourd'hui, Messieurs, les économistes et les philan-
tropes n'ont plus à débattre ces questions, que l'expérience
a résolues, mais, à la fin du siècle dernier, quand le mou-
vement de la réforme révolutionnaire agitait la France,
il y avait quelque mérite pour ceux qui laissaient passer

les orages populaires, et qui consacraient leurs veilles et leurs travaux au bien-être des classes ouvrières.

En 1798, Jacques de Maurey, qui prenait alors le titre d'artiste mécanicien, entretint la Société d'Emulation de Rouen de son invention des machines propres à filer le lin et le chanvre. Il commençait ainsi sa lettre :

« Après m'être longtemps occupé de machines à filer le
« coton et y avoir fait des changements utiles, j'ai songé
« aux moyens qu'on pourrait employer pour filer les ma-
« tières longues, et particulièrement le chanvre et le lin.
« Je savais qu'on filait ces matières en Angleterre ; j'i-
« gnore les moyens que cette nation emploie, mais je me
« suis dit : Si des Anglais sont parvenus à cette filature,
« pourquoi un Français n'y parviendrait-il pas ?

Voilà certes, un patriotisme digne d'être mentionné.

L'administration centrale de Rouen, signala cette découverte de machines à filer le lin et le chanvre, au Ministre de l'Intérieur, François de Neufchâteau, qui l'accueillit avec tout l'intérêt qu'elle méritait, et répondit qu'aussitôt qu'il lui serait rendu compte de l'examen fait par des gens de l'art, de la description et des dessins que l'auteur de cette machine lui avait adressés, il s'empresserait de proposer au gouverneur les moyens d'encouragement que comporterait son utilité.

Stimulé par l'accueil fait à son invention, Jacques de Maurey travailla sans relâche à lui donner toute la perfection dont elle était susceptible.

La même année, il adressa au Ministre de l'Intérieur, François de Neufchâteau, les mémoires et les dessins de ses machines, avec les échantillons de fil et de lin qu'il avait obtenus.

Le Ministre de la police générale, sous le patronage duquel l'inventeur avait mis sa découverte, lui répondait à la date du 30 brumaire, an VII (octobre 1798.) « Je presse « vivement mon collègue de l'Intérieur de s'occuper de

« votre découverte, et je l'invite à récompenser vos talents
« et le service que vous avez rendu à l'industrie. »

A son tour, le 4 frimaire, an VII (décembre 1798), voici
ce que le Ministre, François de Neufchâteau, écrivait à
l'inventeur, Jacques de Maurey : « Citoyen, vous me dites
« que vous n'êtes pas dans l'intention de prendre un bre-
« vet d'invention ni de faire de votre découverte une spé-
« culation commerciale exclusive, et que vous préférez
« aux avantages que pourrait vous procurer un brevet,
« celui *de faire jouir vos concitoyens, d'un procédé*
« *utile*, et vous demandez seulement la récompense que
« le gouvernement a promise aux auteurs des inventions
« utiles. D'après la déclaration du jury, qui a examiné
« les machines de votre invention, il résulte qu'elles sont
« très propres, non-seulement à carder et à filer le coton
« et la laine, mais encore à filer le lin et le chanvre ; en
« conséquence, le gouvernement vous accorde à titre de
« récompense, une somme de 4,000 fr. »

On voit de quel patriotisme était animé le citoyen Jacques de Maurey, et combien son désintéressement était
grand, puisqu'il abandonnait en faveur du développement
de l'industrie française, une invention qui aurait pu lui
rapporter des sommes considérables.

Je ferai remarquer aussi que l'inventeur devançait de
sept ans, la proposition du gouvernement français, qui of-
frait en 1805 un million de récompense à l'inventeur d'une
machine propre à filer à de hauts numéros, le lin et le
chanvre.

Quand le général Bonaparte, premier consul, vint vi-
siter Rouen et les autres villes industrielles de la Normandie, à son passage à Louviers, ce fut l'inventeur mécanicien Jacques de Maurey, qui fut désigné par la mu-
nicipalité, pour expliquer au premier consul les perfectionnements apportés dans la fabrication des draps

De 1807 à 1813, les recherches de Jacques de Maurey
s'appliquèrent aux machines à peigner la laine, le lin et
les déchets de soie.

Deux prix avaient été proposés en 1807 par la Société d'encouragement de Paris, pour les meilleures machines à peigner la laine et à filer la laine peignée.

Dans sa séance du 8 août 1810, le comité des arts mécaniques, décida que les prix n'avaient pas été remportés, mais que Jacques de Maurey, d'Incarville, près Louviers, avait présenté un mémoire bien écrit, qui annoncait de la part de son auteur des connaissances très étendues sur la filature en général, et particulièrement sur le peignage de la laine, et qu'il lui était accordé une médaille de 400 fr.

Le concours fut prorogé jusqu'en 1812. A cette époque, le prix de 3,000 fr. fut décerné à Jacques de Maurey, auteur de la meilleure machine à peigner la laine ; mais, attendu que ses machines n'étaient pas construites dans les dimensions qu'elles devaient avoir, la Société d'Encouragement arrêta que la valeur du prix ne serait délivrée que lorsque les machines, exécutées de grandeur naturelle, auraient été essayées pendant deux mois dans une manufacture.

Dans la séance générale du 12 avril 1815, sur un rapport de M. Ternaux, manufacturier à Louviers, qui rendit compte de l'examen pratique des machines exécutées en grand, la valeur du prix fut acquise à Jacques de Maurey.

M. Ternaux ajouta une somme de 1,200 fr. au prix arrêté par le programme du concours, comme un témoignage, disait-il, de sa reconnaissance pour une invention qui serait éminemment utile aux manufactures françaises.

La même année, Jacques de Maurey introduisit à Louviers, dans l'industrie de la fabrication des draps, deux machines nouvelles, l'une pour dégraisser et l'autre pour fouler les draps.

De tout ce qui précède, il résulte que les travaux de Jacques de Maurey ne furent pas sans influence sur l'avenir de l'industrie dans notre contrée. Il s'occupa successivement de différentes machines propres aux industries du coton, du lin, et de la laine; parce qu'il connaissait l'importance de ces matières premières, qu'il prévoyait qu'elles feraient la richesse de Normandie.

Peut-être cette étude rétrospective, sans avoir présenté un intérêt proportionné à la bienveillance de cet auditoire, a-t-elle dépassé les limites dans lesquelles j'aurais voulu la maintenir.

Mais j'ai pensé que la vie laborieuse d'un ancien bénédictin de l'abbaye de Saint-Ouen de Rouen, ne serait pas un exemple inutile à présenter à la génération qui fréquente les écoles municipales.

Jacques de Maurey était aussi désintéressé que savant. En relevant ses travaux, ses inventions oubliées aujourd'hui, j'ai cherché à rendre hommage à une existence toute de patriotisme et d'abnégation.

Et qu'il me soit permis de le dire, j'ai aussi considéré comme un devoir d'honorer la mémoire de mon aïeul maternel, dont je me rappelle encore la douce morale et les austères leçons.

Vous le savez, messieurs les élèves, le sol de la vieille ville de Rouen est fertile en illustrations de bien des genres. Mais s'il n'est pas donné à tous, de se distinguer avec un même éclat, au moins j'ai essayé de vous montrer qu'on pouvait rendre des services à son pays, dans une sphère si humble et si modeste qu'elle soit.

N'est-ce pas vous dire que toutes les voies vous sont ouvertes, et que chacun d'entre vous, en concourant à son bien être personnel, apporte sa pierre à l'édifice commun.

Les mathémathiques, la culture, la peinture et tout ce qui tient à l'art du dessin, sont pour vous, messieurs les élèves, autant de moyens dont vous pouvez disposer en faveur des arts utiles comme des arts d'agrément.

Soyez donc reconnaissants envers les administrateurs éclairés, qui acceptent la mission de veiller aux besoins

matériels et intellectuels d'une grande cité, et qui vous
ont toujours encouragés en suivant vos travaux avec tant
de bienveillance et d'intérêt.

Plus que jamais, vous vous devez à vous-mêmes, de
vous montrer jaloux de l'honneur de vos écoles.

Le souffle patriotique qui fait en ce moment frémir la
France d'une noble sécurité, permet de croire que Dieu
continuera d'assister nos braves armées.

Vous, messieurs les élèves, vous êtes l'armée du travail, soyez dignes de vos frères, qui sont prêts à maintenir haut et ferme le drapeau de la France.

ROUEN. — IMP. E. CAGNIARD.

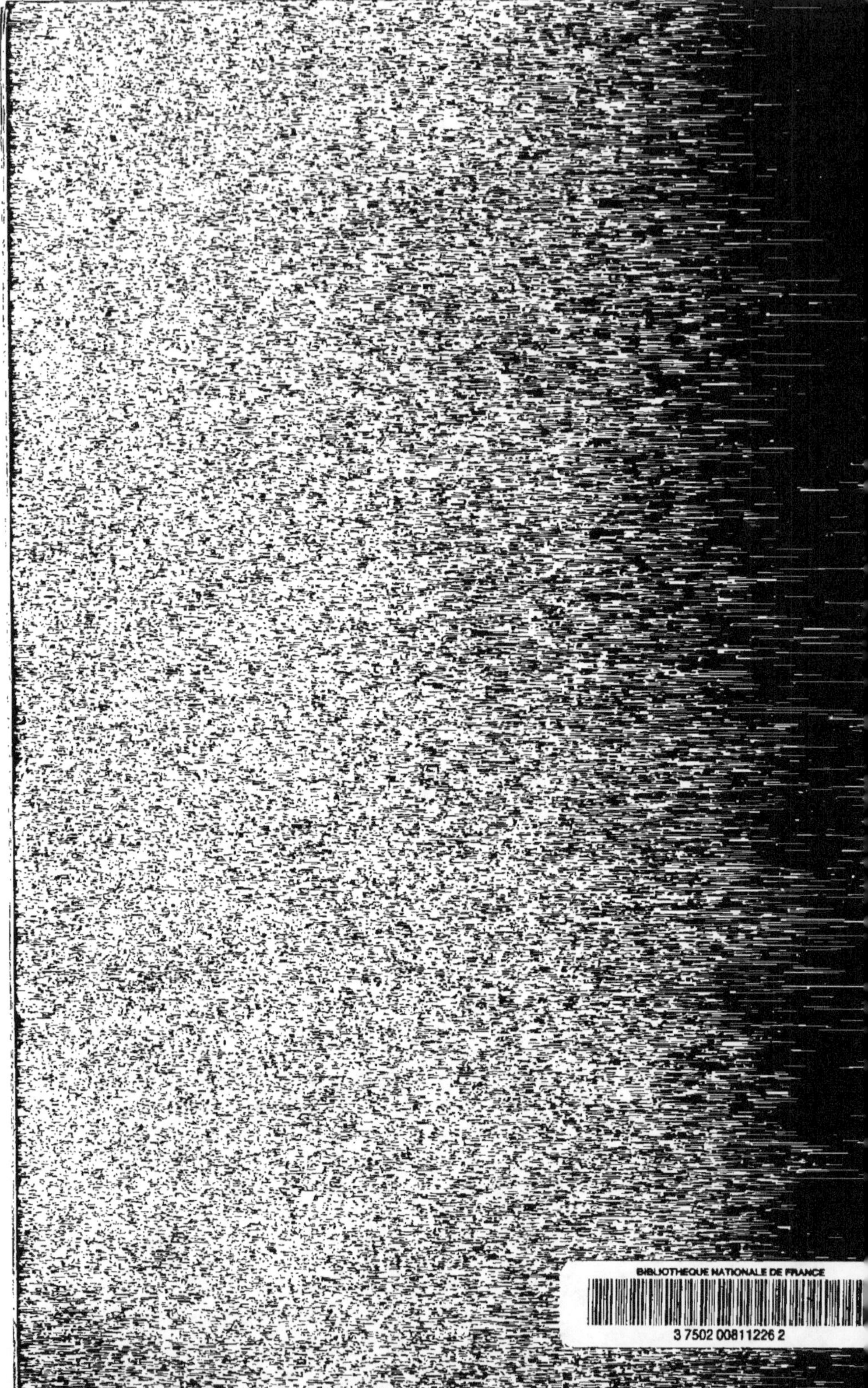